ERDBEER GLÜCK

Jan Thorbecke Verlag

INHALT

ERDBEER-JOGHURT-SMOOTHIE

---

500 g Erdbeeren, 500 g Sahnejoghurt, Saft von 1 Orange, ca. 100 ml Milch, Honig, 6 EL Müsli nach Belieben. Ergibt 4 Portionen

Die Erdbeeren putzen und im Mixer zusammen mit dem Joghurt, dem Orangensaft und etwas Milch cremig pürieren. Nach Geschmack mit Honig süßen und 2 EL Müsli unterrühren. ◆ Den Smoothie in Gläser füllen, mit dem übrigen Müsli und etwas Honig garniert servieren.

ERDBEER-
MELONEN-SUPPE

---

400 g Erdbeeren, 400 g Wassermelonenfruchtfleisch,
1–2 EL Zitronensaft, 3–4 EL Honig, ca. 250 ml Buttermilch,
Minze zum Garnieren. Ergibt 4 Portionen

Die Erdbeeren putzen, 4 Hälften zum Garnieren beiseite legen. Alle Zutaten bis auf 4 EL Buttermilch im Mixer fein pürieren. ◆ Die Suppe bis zum Servieren mindestens 1 Stunde kalt stellen. Auf Schüsseln verteilen,
mit der restlichen Buttermilch, den Erdbeerhälften und
der Minze garnieren.

ERDBEER-JOGHURT-EIS

---

200 g Erdbeeren, Saft von ½ Zitrone, 2 EL flüssiger Honig, 400 g Joghurt, 60 g Puderzucker, 200 g Sahne. Ergibt ca. 8 Stück

Die Erdbeeren putzen und fein pürieren. 1 EL Zitronensaft und den Honig unterrühren. Den Joghurt mit dem Puderzucker und dem übrigen Zitronensaft verrühren. Die Sahne steif schlagen und unterheben. Das Erdbeerpüree auf den Joghurt geben und vorsichtig einmal durchrühren. Die Masse auf etwa 8 Eisförmchen verteilen und etwa 1 Stunde im Gefrierfach einfrieren. Die Eisstiele einstecken und das Eis in weiteren 4 Stunden gefrieren lassen.

JOGHURT-ZITRONEN-MOUSSE

---

4 Blatt Gelatine, 350 g Joghurt, Saft und Schale von 1 Zitrone, 3–4 EL Puderzucker, 2 cl Zitronenlikör, 1 Eiweiß, 150 g Sahne, 300 g Erdbeeren, Zitronenscheiben. Ergibt 4 Portionen

Die Gelatine in kaltem Wasser einweichen. Den Joghurt mit dem Zitronensaft, der -schale und 2–3 EL Puderzucker glatt rühren. ◆ Die Gelatine ausdrücken, mit dem Likör erwärmen und auflösen. 2–3 EL Joghurtcreme einrühren und unter die restliche Creme rühren. Das Eiweiß mit dem restlichen Puderzucker steif schlagen und unter die Creme heben. Die Sahne steif schlagen und unterheben. Die Creme auf Schälchen verteilen und abgedeckt mindestens 2 Stunden lang kalt stellen. ◆ Die Erdbeeren putzen, einige für die Dekoration beiseite legen und die restlichen Früchte fein pürieren, dann passieren. Mit der Mousse servieren und nach Belieben mit den Erdbeeren und Zitronenscheiben garnieren.

ERDBEER-EISTEE

━ 2 Handvoll Basilikum, 4 Beutel Früchte- oder Schwarztee, ca. 4 EL Erdbeersirup, 200 g Erdbeeren,
3 EL Zitronensaft. Ergibt 1 l Eistee ━

*D*as Basilikum abzupfen und etwa die Hälfte zur Seite
legen. Die andere Hälfte mit den Teebeuteln in eine Kan-
ne geben. Mit 1 l kochendem Wasser übergießen und den
Sirup einrühren. Den Tee 10 Minuten (Früchtetee) bzw.
2 Minuten (Schwarztee) ziehen lassen, dann abseihen.
Mindestens 2 Stunden kalt stellen. ◆ Die Erdbeeren putzen und klein schneiden. Den Eistee durch ein Sieb gie-
ßen. Die Erdbeeren, das restliche Basilikum und den
Zitronensaft dazugeben, abschmecken und falls nötig
mit Sirup nachsüßen. Kalt servieren.

ERDBEERSIRUP

1 kg Erdbeeren, 400 g Zucker, Saft von 1 Zitrone.
Ergibt ca. 1½ l Sirup

Die Erdbeeren putzen, in Stücke schneiden und zusammen mit dem Zucker und 400 ml Wasser in einem Topf aufkochen lassen. Unter regelmäßigem Rühren etwa 20 Minuten lang köcheln lassen. ◆ Leicht abkühlen lassen, dann durch ein mit einem feinen Tuch ausgelegtes Sieb passieren. Gut ausdrücken und den Sirup mit dem Zitronensaft erneut aufkochen lassen. In vorbereitete Flaschen füllen, gut verschließen und auskühlen lassen.

ETON MESS

---

200 g Erdbeeren, 200 g Himbeeren, 2 EL Vanillezucker, 1 EL Orangenlikör, 400 g Sahne, 2 EL Zucker,
40 g Baiser. Ergibt 4 Portionen

Die Erdbeeren und die Himbeeren putzen, die Erdbeeren in Scheiben schneiden und die Himbeeren mit
einer Gabel zerdrücken. Beides mit dem Vanillezucker
und dem Likör vermischen. ◆ Die Sahne mit dem Zucker
steif schlagen, die Baisers zerbröckeln und unterziehen.
Die Beeren darübergeben und nur kurz rühren, nicht
vollständig untermischen.

RHABARBER-
ERDBEER-KOMPOTT

➤ 400 g Rhabarber, 250 g Erdbeeren, 4 EL Zucker,
Saft von 1 Zitrone, 4 cl Erdbeerlimes, 2 EL Speisestärke.
Ergibt 4 Portionen ➤

Den Rhabarber waschen, die Enden abschneiden, die
Fäden abziehen. Die Stangen in 2 cm große Stücke
schneiden. Die Erdbeeren putzen und halbieren. ◆ Den
Zucker in einem Topf erhitzen, das Obst hinzufügen und
unter Rühren kurz aufkochen lassen. Den Zitronensaft,
den Erdbeerlimes und 250 ml Wasser zugießen. Alles ca.
10 Minuten lang bei mittlerer Hitze kochen lassen. ◆ Die
Speisestärke mit kaltem Wasser anrühren und das Kom-
pott abbinden.

PANNA COTTA
MIT ERDBEERMOUSSE

Für die Panna Cotta: 6 Blatt weiße Gelatine, 500 g Sahne, 40 g Zucker, 2 EL Vanillezucker. Für die Mousse: 2 Blatt weiße Gelatine, 500 g Erdbeeren, 30 g Zucker, 150 g Sahne. Ergibt 4–6 Gläser

Die Gelatine für die Panna Cotta einweichen. ♦ Sahne, Zucker und Vanillezucker aufkochen. Die Gelatine gut ausdrücken und in der nicht mehr kochenden Flüssigkeit auflösen. Abkühlen lassen. Die Creme in Gläser füllen und mindestens 1 Stunde kalt stellen. ♦ Für die Mousse die Gelatine ebenfalls in kaltem Wasser einweichen. Die Erdbeeren waschen und abtrocknen. 400 g davon mit dem Zucker pürieren. Die Hälfte des Pürees in einem Topf erwärmen. Die gut ausgedrückte Gelatine einrühren und das Püree abkühlen lassen. ♦ Die Sahne steif schlagen und unterheben. Die Mousse auf der Panna Cotta verteilen und nochmals ca. 2 Stunden kalt stellen. ♦ Die übrigen Erdbeeren klein schneiden. Zum Servieren die Gläser mit dem restlichen Erdbeerpüree auffüllen, mit den Erdbeerstücken belegen und nach Belieben dekorieren, zum Beispiel mit Minze und weißen Schokoraspeln.

MINI-CHEESECAKES

← 60 g Butter, 120 g Haferkekse, 300 g Quark, 150 g Frischkäse, 75 g Zucker, 2 EL Vanillezucker, 100 ml Limettensaft, 1 TL Limettenschale, 10 g Speisestärke, 2 Eier,
200 g Erdbeeren, 2 EL Puderzucker, 3–4 EL Orangensaft.
Ergibt 6 Stück →

Die Butter schmelzen. Die Kekse fein zerkleinern und
anschließend mit der Butter vermischen. ◆ Den Backofen
auf 160°C Ober-/Unterhitze vorheizen. 6 Dessertringe aus
Edelstahl (ca. 9cm ø) auf ein mit Backpapier belegtes
Backblech stellen. Die Keksmasse auf die Ringe verteilen
und gut mit einem Löffel andrücken. Kalt stellen. ◆ Den
Quark mit dem Frischkäse, dem Zucker und dem Vanillezucker glatt rühren. Den Limettensaft, die -schale und
die Stärke unterrühren. Die Eier nacheinander unterrühren. Die Käsecreme auf den Böden verteilen und die
Cheesecakes im vorgeheizten Ofen ca. 40 Minuten lang
backen. Auskühlen lassen. ◆ Die Erdbeeren putzen und
6 Stück in Scheiben schneiden, weitere 6 ganz lassen. Die
restlichen Erdbeeren mit dem Puderzucker und dem
Orangensaft pürieren und passieren. ◆ Die Törtchen mit
den Erdbeeren dekorieren und mit der Sauce beträufeln.

ERDBEER-CUPCAKES

⇢ 400 g Erdbeeren, 175 g weiche Butter, 150 g Zucker, 4 Eier, Saft und Schale von 1 Zitrone, 175 g Mehl, 40 g gemahlene Mandeln, ½ TL Backpulver, 250 g weiße Kuvertüre, 125 g Sahne, 100 g Frischkäse. Ergibt 12 Stück ⇠

Den Ofen auf 200 °C Ober-/Unterhitze vorheizen. Die Mulden eines Muffinbackblechs mit Papierförmchen auslegen. ◆ Die Erdbeeren putzen, etwa 5 Stück fein pürieren und das Püree kalt stellen. Den Rest in kleine Stücke schneiden. Etwa 150 g zum Garnieren beiseite stellen. ◆ Die Butter mit dem Zucker schaumig schlagen. Die Eier einzeln unterrühren, dann Zitronensaft und -schale, zum Schluss das Mehl, die Mandeln und das Backpulver. Die Erdbeeren unterheben und den Teig in die Förmchen füllen. Im vorgeheizten Ofen in ca. 25 Minuten goldbraun backen. Auskühlen lassen. ◆ Währenddessen die Kuvertüre grob hacken und in eine Schüssel geben. Die Sahne aufkochen und unter die Schokolade rühren, bis diese geschmolzen ist. Die Masse etwa 30 Minuten kalt stellen und anschließend cremig aufschlagen. Den Frischkäse glatt rühren und mit dem Erdbeerpüree unter die Schokocreme ziehen. In einen Spritzbeutel mit glatter Tülle füllen und auf die Cupcakes spritzen. Mit den übrigen Erdbeeren dekorieren.

HIPPENTÜTEN MIT ERDBEERSAHNE

— 3 Eiweiß, 75 g Butter, 150 g Puderzucker, 100 g Mehl,
1 Pr Salz, 1–2 EL Sahne, Mark von 1 Vanilleschote,
500 g Erdbeeren, 400 g Sahne, 1 Päckchen Sahnesteif,
50 g Puderzucker. Ergibt 4 Portionen —

Die Eiweiße verquirlen, die Butter auslassen. Eiweiße,
Butter, Puderzucker, Mehl, Salz, Sahne und Vanillemark
zu einem glatten Teig verrühren. Abgedeckt mindestens
2 Stunden lang kalt stellen. ◆ Den Backofen auf 220°C
Ober-/Unterhitze vorheizen. Je 1–2 EL Teig auf einem
mit Backpapier belegten Backblech zu dünnen Kreisen
(ca. 20 cm groß) verstreichen. Im vorgeheizten Ofen
ca. 6 Minuten backen, bis die Ränder goldbraun sind.
Auf diese Weise ca. 8 Hippen backen. ◆ Mit einem Messer
vorsichtig vom Blech nehmen. Noch heiß konisch formen
und auskühlen lassen. ◆ Für die Füllung die Erdbeeren
waschen, abtrocknen und klein schneiden. Die Sahne
mit dem Sahnesteif und dem Puderzucker steif schlagen.
Die Erdbeeren unterziehen, in die Tüten füllen und mit
Puderzucker bestäuben.

ERDBEER-TIRAMISU

400 g Erdbeeren, 1 EL Zitronensaft, 5 Eier, 60 g Zucker, 1–2 EL Vanillezucker, 500 g Mascarpone, ca. 200 ml Orangensaft, 4–6 EL Erdbeerlimes, ca. 30 Löffelbiskuits. Ergibt 6–8 Portionen

Die Erdbeeren putzen und die Hälfte klein schneiden. Die übrigen Beeren mit dem Zitronensaft fein pürieren. ◆ Die Eier trennen und die Eigelbe mit dem Zucker und dem Vanillezucker cremig rühren. Den Mascarpone und das Erdbeerpüree unterrühren. Die Eiweiße steif schlagen und unter die Creme ziehen. Den Orangensaft mit dem Limes mischen. Die Löffelbiskuits jeweils kurz eintauchen und eine flache Form damit auslegen. Die Hälfte der Creme daraufgeben und glatt streichen. Die Erdbeerstückchen daraufstreuen. Mit einer zweite Lage getränkter Biskuits belegen und die restliche Creme darauf verstreichen. ◆ Mindestens 3 Stunden kalt stellen, am besten jedoch über Nacht durchziehen lassen.

SCHOKOPFANNKUCHEN MIT ERDBEEREN

➻ Für den Teig: 2 Eier, 300 ml Milch, 150 g Mehl, 2 EL Kakao-pulver, 1 EL Zucker, Butter zum Ausbacken. Für die Füllung: 400 g Erdbeeren, 200 g Quark, 3–4 EL Sahne, 4 EL Vanille-zucker, Puderzucker. Ergibt 4 Portionen ➻

Alle Teigzutaten zu einem glatten Teig verrühren und ca. 20 Minuten lang ruhen lassen. ◆ Die Erdbeeren putzen und in Scheiben schneiden. Den Quark mit der Sahne und dem Vanillezucker cremig rühren. ◆ Etwas Butter in einer Pfanne erhitzen, etwas Teig hineingeben und den Pfannkuchen auf beiden Seiten 1–2 Minuten backen, dann auf einen Teller gleiten lassen. Fortfahren, bis der Teig aufgebraucht ist. ◆ Zum Servieren jeden Pfann-kuchen mit Vanillequark bestreichen und mit Erdbeeren belegen. Den Pfannkuchen darüberschlagen und zu Vierteln falten. Auf Tellern anrichten und mit Puder-zucker bestäuben.

ERDBEERTÖRTCHEN MIT HOLUNDER

← 3 ½ Blatt Gelatine, 100 g Schokoladen-Dinkelkekse, 60 g flüssige Butter, 2 Eigelb, 50 g Zucker, 200 g Doppelrahm-Frischkäse, Mark von 1 Vanilleschote, 140 ml Holundersirup, 250 g Erdbeeren, ½ Packung roter Tortenguss. Ergibt 1 kleine runde Backform mit ca. 15 cm ∅ →

Die Gelatine in kaltem Wasser einweichen. Die Kekse fein zerkrümeln, mit der Butter verkneten und als Boden in die mit Backpapier ausgelegte Form drücken. Kalt stellen. ♦ Die Eigelbe mit dem Zucker in ca. 5 Minuten hellschaumig aufschlagen. Den Frischkäse und das Vanillemark einrühren. 3 EL Holunderblütensirup in einem Topf erwärmen und die ausgedrückte Gelatine darin auflösen. Die Gelatine in die Frischkäsemasse rühren, diese in der Form glatt verstreichen und das Törtchen ca. 3 Stunden kalt stellen. ♦ Die Erdbeeren waschen, 200 g Erdbeeren putzen und klein schneiden. Den Tortenguss nach Packungsanleitung mit dem restlichen Holundersirup anrühren und etwas abkühlen lassen. Den Rand des Törtchens von der Form lösen und das Törtchen auf einen Teller heben. Mit dem Guss bestreichen und ca. 1 Stunde kalt stellen. Mit den restlichen Erdbeeren garnieren.

ERDBEERKRAPFEN

---

1 Würfel frische Hefe, 50 g Zucker, 200 ml lauwarme Milch, 500 g Mehl, 1 Ei, 60 g weiche Butter, 1 Pr Salz, ½ TL Zitronenschale, 2 Eigelb, 200 g Erdbeerkonfitüre, Puderzucker. Ergibt ca. 20 Stück

Die Hefe und den Zucker in der Milch auflösen. Das Mehl, das Ei, die Butter, das Salz und die Zitronenschale zufügen und mit dem Knethaken des Rührgeräts so lange kneten, bis sich der Teig vom Schüsselrand löst. Zugedeckt an einem warmen Ort ca. 45 Minuten lang gehen lassen, bis sich das Volumen verdoppelt hat. ◆ Den Teig kurz durchkneten und mit einem Esslöffel kleine Portionen abstechen. Mit Abstand auf ein mit Backpapier belegtes Backblech setzen. Abgedeckt weitere 15 Minuten lang gehen lassen. ◆ Den Ofen auf 180 °C Ober-/Unterhitze vorheizen. ◆ Die Eigelbe verquirlen, auf die Krapfen pinseln und diese im vorgeheizten Ofen in ca. 15 Minuten goldbraun backen. Auskühlen lassen. ◆ Die Konfitüre in einen Spritzbeutel mit langer, dünner Tülle füllen und in die Krapfen einspritzen. Die Krapfen mit Puderzucker bestäuben.

FINANCIER

➛ 500 g Erdbeeren, 125 g Butter, 4 Eiweiß, 200 g Puder-zucker, 100 g gemahlene geschälte Mandeln, 50 g Mehl, Schale von 1 Zitrone. Ergibt 4 Portionen ➛

Den Backofen auf 200 °C Ober-/Unterhitze vorheizen. Eine Auflaufform fetten. ◆ Die Erdbeeren waschen, in Stücke schneiden und in der Form verteilen. Die Butter bei mittlerer Hitze schmelzen lassen und so lange erhitzen, bis sie leicht gebräunt ist. Abkühlen lassen. ◆ Die Eiweiße zu Schnee schlagen. Den Puderzucker, die Mandeln, das Mehl und die Zitronenschale mischen. Die Butter und die trockenen Zutaten vorsichtig unter den Eischnee heben. ◆ Den Teig über den Erdbeeren verteilen, glatt streichen und im Ofen in etwa 15 Minuten goldbraun backen.

BUTTERKUCHEN MIT ERDBEEREN

Für den Boden: ½ Würfel frische Hefe, 60 g Zucker, ca. 150 ml lauwarme Milch, 400 g Mehl 1 Pr Salz, 1 Ei, 60 g flüssige Butter. **Für den Belag:** , 100 g Sahne, 150 g Butter, 100 g Honig, 2 EL Vanillezucker, 75 g Mandelblättchen, 500 g Erdbeeren. **Ergibt 1 Backblech mit ca. 30 x 40 cm**

Alle Teigzutaten kneten, bis der Teig geschmeidig ist und sich vom Schüsselrand löst. Den Hefeteig zugedeckt an einem warmen Ort etwa 45 Minuten gehen lassen, bis sich sein Volumen verdoppelt hat. ◆ Den Backofen auf 200 °C Ober-/Unterhitze vorheizen. ◆ Die Sahne mit der Butter, dem Honig und dem Vanillezucker in einem Topf erhitzen. Vom Herd nehmen und die Mandeln untermischen. Etwas abkühlen lassen. Die Erdbeeren putzen und in Stücke schneiden. ◆ Den Teig auf bemehlter Arbeitsfläche kurz durchkneten, dann auf einem mit Backpapier belegten Backblech ausrollen, dabei einen kleinen Rand formen. Den Boden einige Male mit einer Gabel einstechen und mit den Erdbeeren belegen. Die Mandelmasse darüber verteilen. Im vorgeheizten Ofen in ca. 35 Minuten goldbraun backen. Auskühlen lassen.

PAVLOVA

4 Eiweiß, 1 Msp Vanillemark, 250 g Zucker, 1 TL Apfelessig, 2 EL Speisestärke. Für die Garnitur: 2 Passionsfrüchte, 2 EL Orangenlikör oder Orangensaft, 1 EL Puderzucker, 250 g Erdbeeren, 400 g Sahne. Ergibt 4–6 Stücke

Den Backofen auf 140 °C Ober-/Unterhitze vorheizen. ◆ Die Eiweiße mit dem Vanillemark steif schlagen, 1 EL kaltes Wasser zufügen und weiterrühren. Den Zucker dabei einrieseln lassen. Den Essig zufügen und nach und nach die Stärke unterrühren. Die Masse auf ein mit Backpapier belegtes Blech geben und in der Mitte eine Mulde formen. Im Ofen ca. 45 Minuten lang backen. Vollständig auskühlen lassen. ◆ Die Passionsfrüchte halbieren und das Fruchtmark samt Kernen ausschaben. Mit dem Likör oder Saft und dem Zucker verrühren. Die Erdbeeren putzen und in Stücke schneiden. Unter die Sauce mischen. ◆ Die Sahne steif schlagen und die Mulde des Baisers damit füllen. Die Beeren mit der Sauce darübergeben.

ERDBEERKUCHEN

◆ Für den Biskuit: 4 Eier, 80 g Zucker, 1 EL Vanillezucker, 1 Pr Salz, 50 g Mehl, 50 g gemahlene geschälte Mandeln, 2 EL Speisestärke. Für die Füllung: 1 Päckchen Vanille-puddingpulver, 60 g Zucker, 500 ml Milch, 300 g weiche Butter, 500 g Erdbeeren, 2–3 EL Erdbeerkonfitüre. Ergibt 1 hohe Springform mit 22 cm Ø ◆

Den Backofen auf 180 °C Ober-/Unterhitze vorheizen. ◆ Die Eier trennen und die Eigelbe mit der Hälfte des Zuckers und dem Vanillezucker schaumig rühren. Die Eiweiße mit dem Salz steif schlagen, dann den restlichen Zucker unterschlagen. Den Eischnee sowie Mehl, Mandeln und Speisestärke unterheben ◆ Den Teig in eine gefettete Springform geben und im vorgeheizten Ofen ca. 30 Minuten backen. Auskühlen lassen. ◆ Puddingpulver, Zucker und Milch nach Packungsanleitung kochen. Abkühlen lassen, umrühren. Butter und Pudding auf höchster Stufe zu einer luftigen Creme schlagen. ◆ Die Erdbeeren halbieren. Den Kuchen waagrecht halbieren und einen Boden in einen Tortenring legen. Mit der Konfitüre bestreichen. Entlang des Tortenrandes Erdbeerhälften aufstellen und den Boden mit Hälften auslegen. Drei Viertel der Butter-creme daraufgeben. Mit dem zweiten Boden belegen und mit der übrigen Creme bestreichen. Die Torte 2 Stunden kalt stellen. Mit den übrigen Erdbeeren dekorieren.

SCHACHBRETTKUCHEN

◆ Für den Teig: 5 Eier, 125 g Zucker, 100 g Mehl, 2 EL Speise-stärke, rote Lebensmittelfarbe, 150 g Erdbeerkonfitüre. Für die Creme: 4 Eigelb, 80 g Zucker, 175 ml Milch, 1 Msp Vanillemark, 2 EL Speisestärke, 175 g Butter, Erdbeeren zum Garnieren. Ergibt eine Backform (20 × 30 cm) ◆

Den Backofen auf 180 °C Ober-/Unterhitze vorheizen. Die Backform mit Backpapier auslegen. Aus Alufolie zwei Streifen falten und die Form damit quer dritteln. ◆ Die Eier trennen. Die Eiweiße mit dem Zucker sehr steif aufschlagen. Die Eigelbe verquirlen und unter das Eiweiß rühren. Mehl und Stärke unterziehen. ◆ Die Masse drit-teln, eine Portion mit Lebensmittelfarbe rosa färben, eine rot. Die Teige jeweils in die Form füllen, glatt streichen und im vorgeheizten Backofen 10–15 Minuten backen. Aus-kühlen lassen. ◆ Alle 3 Kuchen aus der Form stürzen und gerade beschneiden. Jeweils längs in 3 Streifen schneiden. Die Konfitüre erwärmen. Die Teigstreifen damit bestrei-chen und schachbrettartig zusammensetzen. Abgedeckt kalt stellen. ◆ Eigelbe, Zucker, Milch, Vanillemark und Stär-ke in einer Metallschüssel schaumig schlagen. Über einem heißen Wasserbad zu einer dicken Creme rühren. Dann kalt rühren. Die Butter schaumig schlagen, die Creme unterzie-hen. ◆ Den Kuchen mit der Buttercreme bestreichen und ca. 1 Stunde kalt stellen. Mit frischen Erdbeeren garnieren.

ERDBEERTARTE

← Für den Teig: 200 g Mehl, 120 g kalte Butter, Mark von
½ Vanilleschote, 80 g Puderzucker, 1 Pr Salz, 2 Eigelb,
30 g gemahlene Mandeln. Für den Belag: 600 g Erdbeeren,
8 Blatt Gelatine, 250 g Quark, 400 g Frischkäse, 100 g Puderzucker, Saft und Schale von 1 Zitrone, 400 g Sahne.
Ergibt 1 Tarteform mit 28 cm ø ↝

Alle Teigzutaten zügig zu einem glatten Teig verkneten.
In Frischhaltefolie wickeln und ca. 30 Minuten kalt stel-
len. ◆ Den Ofen auf 200 °C Ober-/Unterhitze vorheizen. ◆
Den Teig ausrollen und in die gefettete Form legen. Den
Boden 10 Minuten lang im vorgeheizten Ofen blindba-
cken. Hülsenfrüchte entfernen und den Boden in weiteren 10 Minuten goldbraun backen. Auskühlen lassen. ◆
Die Hälfte der Erdbeeren pürieren und passieren. Die
übrigen Erdbeeren halbieren. ◆ Die Gelatine in kaltem
Wasser einweichen. Quark, Frischkäse, Puderzucker,
Zitronensaft, -schale und drei Viertel des Erdbeerpürees
glatt rühren. Die Gelatine ausdrücken und erwärmen.
2–3 EL der Creme einrühren, dann unter die übrige Creme
rühren. Kalt stellen, bis die Creme andickt. Die Sahne steif
schlagen und unterziehen. Die Creme auf dem Tarteboden
glatt streichen. Mindestens 3 Stunden kalt stellen. ◆ Die
übrigen Erdbeeren auf der Creme verteilen und mit dem
restlichen Püree beträufeln.

PROSECCO-TORTE

◆ Für den Biskuit: 4 Eier, 1 Pr Salz, 100 g Zucker, 100 g Mehl, 1 TL Backpulver, 2 EL Stärkemehl, 1 Pr Salz. Für die Creme: 8 Blatt Gelatine, Mark von 1 Vanilleschote, 300 ml Prosecco, 100 g Zucker, 500 g Erdbeeren, 400 g Frischkäse, 600 g Sahne, 2 EL Puderzucker. Ergibt 1 Springform mit 24 cm Ø ◆

Den Ofen auf 180 °C Ober-/Unterhitze vorheizen. ◆ Die Eier trennen. Das Eiweiß mit dem Salz steif schlagen, den Zucker einrieseln lassen. Mehl, Backpulver und Stärke abwechselnd mit den Eigelben unter den Eischnee ziehen. Den Teig in eine gefettete Form füllen und im Ofen in ca. 30 Minuten goldbraun backen. Auskühlen lassen. ◆ Die Gelatine in kaltem Wasser einweichen. Das Vanillemark mit 200 ml Prosecco und dem Zucker aufkochen und etwa 5 Minuten köcheln lassen. Vom Herd nehmen, die ausgedrückte Gelatine darin auflösen und etwas abkühlen lassen. ◆ Die Erdbeeren klein schneiden. Den Frischkäse sowie den restlichen Prosecco unter den Prosecco rühren. 400 g Sahne steif schlagen und zusammen mit den Erdbeeren unter die Prosecco-Creme ziehen. ◆ Den Kuchen waagrecht halbieren. Einen Boden in einen Tortenring legen. Die Hälfte der Creme daraufstreichen, mit dem zweiten Boden belegen und die übrige Creme daraufstreichen. Mindestens 4 Stunden kalt stellen. ◆ Die übrige Sahne mit dem Puderzucker steif schlagen und die Torte damit überziehen.

GEFRORENER KÄSEKUCHEN

♦ 600 g Erdbeeren, 300 g Frischkäse, 300 g Quark, 100 g Zucker, Saft und Schale von 1 Zitrone, 2 EL Vanillezucker, 200 g weiße Kuvertüre, 4 Eier, 4 cl Orangenlikör, 400 g Sahne, Minzeblättchen. Ergibt 1 Springform mit 24 cm ø ♦

Die Erdbeeren halbieren. Frischkäse, Quark, 80 g Zucker, Vanillezucker, Zitronensaft und -schale glatt rühren. ♦ Die Kuvertüre hacken und über einem heißen Wasserbad schmelzen. Die Eier trennen und die Eigelbe mit dem Likör über dem heißen Wasserbad cremig schlagen. Die Schokolade unterrühren und die Creme im Eiswasser kalt schlagen, dann die Frischkäsecreme unterziehen. Jeweils die Sahne und die Eiweiße steif schlagen und beides unter die Käsecreme heben. ♦ Eine Springform mit Frischhaltefolie ausschlagen. Etwa die Hälfte der Creme einfüllen. Ein Drittel der Erdbeeren darauf verteilen, die übrige Creme darübergeben. Die Torte mindestens 5 Stunden lang ins Gefrierfach stellen. ♦ Die Minze mit den übrigen Erdbeeren mischen. Den restlichen Zucker daruntermischen. ♦ Den Kuchen etwa 10 Minuten vor dem Servieren aus dem Gefrierfach nehmen und aus der Form lösen. Die Erdbeeren auf der Torte verteilen.

RAVIOLI MIT ERDBEERFÜLLUNG

◆ Für den Teig: 300 g Mehl, 3 Eier, 1 EL Olivenöl, 1 Pr Salz. Für die Füllung: 300 g Erdbeeren, 1 cl Erdbeerlimes, 1 EL Vanillezucker, 150 g Ricotta, 1 Eiweiß. Für die Sabayon: 4 Eigelb, 3 EL Zucker, 4 EL Portwein. Ergibt 4 Portionen

Alle Teigzutaten zu einem geschmeidigen Teig verkneten. Den Teig zu einer Kugel formen und zugedeckt ca. 30 Minuten lang ruhen lassen. ◆ Die Erdbeeren putzen, klein schneiden und 4–6 EL davon beiseite stellen. Die restlichen Erdbeeren mit dem Likör, dem Vanillezucker und dem Ricotta vermischen. ◆ Den Teig auf einer bemehlten Arbeitsfläche dünn ausrollen und Kreise mit 6–8 cm Durchmesser ausschneiden. Je 1 TL Füllung auf die Teigkreise geben, die Ränder dünn mit verquirltem Eiweiß bestreichen, den Teig zu Halbkreisen zusammenklappen die Ränder fest andrücken. ◆ Die Ravioli in siedendem Salzwasser 5–6 Minuten garen. ◆ Für die Sabayon die Eigelbe mit dem Zucker über einem heißen Wasserbad cremig schlagen. Den Portwein nach und nach unterrühren. Weiterschlagen, bis sich das Volumen der Creme verdoppelt hat. ◆ Die Ravioli aus dem Wasser nehmen, abtropfen lassen, mit der Sabayon beträufeln und den beiseite gelegten Erdbeerstücken anrichten.

ERDBEERCARPACCIO MIT NOUGAT

---

ca. 12 große Erdbeeren, 4 entsteinte Datteln, 2 EL Pistazienkerne, 40 g weißer Nougat, 1 TL Rosenwasser, 4 EL Zitronensaft, 2 EL Honig. Ergibt 4 Portionen

Die Erdbeeren waschen, in sehr dünne Scheiben hobeln und fächerartig auf die Servierplatte legen. Die Datteln in dünne Scheiben schneiden und mittig auf die Erdbeeren legen. Die Pistazien und den Nougat hacken und darüberstreuen. ◆ Das Rosenwasser mit dem Zitronensaft und dem Honig verrühren und über die Erdbeeren träufeln.

ERDBEER-CHUTNEY

4 Schalotten, 2 cm Ingwer, 1 TL Pfefferkörner,
1 TL Senfkörner, 200 ml trockener Rotwein, 2–3 EL Apfelessig, 100 g brauner Zucker, 500 g Erdbeeren, Salz.
Ergibt 2 Gläser à ca. 350 ml

Die Schalotten und den Ingwer schälen, den Ingwer fein
hacken und die Schalotten in Ringe schneiden. Den Pfeffer
und den Senf in einem Mörser zerstoßen. Alles zusammen
in einem Topf mit dem Wein, dem Essig und dem Zucker
aufkochen lassen. Etwa 10 Minuten lang köcheln lassen.
Die Erdbeeren putzen und in Stücke schneiden. Mit in den
Topf geben und weitere ca. 10 Minuten lang köcheln lassen. Mit Salz abschmecken, in vorbereitete Gläser füllen
und gut verschlossen abkühlen lassen.

ERDBEER-SALSA

• 500 g Erdbeeren, 2 Frühlingszwiebeln, nur das Grün, 1 rote Chilischote, 2–3 EL Balsamico-Essig, 1 EL Zitronensaft, 1 TL brauner Zucker, Salz. **Ergibt 4 Portionen** •

Die Erdbeeren putzen und in Stücke schneiden. Die Frühlingszwiebeln putzen und das Grün in Ringe schneiden. Das Weiße anderweitig verwenden. Die Chilischote putzen und in Ringe schneiden. • In einer Schüssel Balsamico, Zitronensaft, Zucker und Salz verrühren. Alle vorbereiteten Zutaten untermischen und bis zum Servieren etwa 15 Minuten ziehen lassen, dann nochmals abschmecken.

RUCOLA-ERDBEER-SALAT

---

100 g Rucola, 1 Bund Schnittlauch, 500 g Erdbeeren, 150 g Feta, 60 g Walnusskerne, 400 g Hähnchenbrustfilet, 5 EL Olivenöl, Salz, Pfeffer, 2 EL Zitronensaft, 2 EL Himbeeressig, 1 Pr Zucker. Ergibt 4 Portionen

Den Rucola waschen trocken schleudern und auf Teller verteilen. Den Schnittlauch in feine Röllchen schneiden. Die Erdbeeren putzen und vierteln. Den Feta abtropfen lassen in kleine Würfel schneiden. Die Nüsse in einer heißen Pfanne ohne Fett leicht rösten, abkühlen lassen und grob hacken. ◆ Das Fleisch in schmale Streifen schneiden und in 2 EL Öl von allen Seiten scharf anbraten. Salzen, pfeffern, leicht abkühlen lassen und mit dem Feta und den Erdbeeren auf dem Rucola verteilen. Die Nüsse darüberstreuen. ◆ Für die Vinaigrette den Zitronensaft und den Himbeeressig mit dem restlichen Öl und den Schnittlauchröllchen verrühren und mit Salz, Pfeffer und Zucker abschmecken. Die Vinaigrette über den Salat geben.

FRÜHLINGS-BAGEL

250 g weißer Spargel, Salz, 1 TL Zucker, Saft von 1 Zitrone, 1 große Avocado, 1 EL körniger Senf, 200 g Erdbeeren, 4 Sesam-Bagels, 1 Kästchen Gartenkresse. Ergibt 4 Portionen

Den Spargel schälen, die Enden abschneiden und die Stangen in wenig kochendem Wasser mit je 1 TL Salz, Zucker und 1–2 EL Zitronensaft in 15–18 Minuten bissfest garen. Abgießen, abtropfen lassen und in mundgerechte Stücke schneiden. ◆ Das Fruchtfleisch aus der Avocado lösen und mit einer Gabel fein zerdrücken. Den Senf unterrühren und die Creme mit Zitronensaft und Salz abschmecken. ◆ Die Erdbeeren putzen und in kleine Stücke schneiden. Die Bagels halbieren und nach Belieben die Schnittflächen toasten. Die Unterhälfte mit der Avocadocreme bestreichen, Erdbeeren und Spargel darauf verteilen und mit Kresse bestreuen. Die Oberseite darauflegen.

VERLAGSGRUPPE PATMOS

PATMOS
ESCHBACH
GRÜNEWALD
THORBECKE
SCHWABEN

Die Verlagsgruppe
mit Sinn für das Leben

Für die Schwabenverlag AG ist Nachhaltigkeit ein wichtiger Maßstab ihres Handelns. Wir achten daher auf den Einsatz umweltschonender Ressourcen und Materialien.

Gestaltung: Finken und Bumiller mit Lina Fesseler, Stuttgart

Bildnachweis: Alle Bilder StockFood GmbH, München.
S. 4: Tolhurst, Charlotte – S. 7, 31, 59, 60: Castilho, Rua –
S. 8: Rüther, Manuela – S. 11, 52: Newedel, Karl – S. 12: Hrbková, Alena – S. 15: PhotoCuisine / Marielle, Bruno – S. 16: Adam, Frank – S. 19: Lutterbeck, Barbara – S. 20: Eising Studio/Food Photo & Video – S. 23: Jalag / Brettschneider, Jan C. – S. 24, 44, 56: Bauer Syndication – S. 27: Leser, Nicolas – S. 28: Gallai, Beatrix – S. 32 und Cover: Wischnewski, Jan – S. 35: Morgans, Gareth – S. 36: Chatelain, Sonia – S. 39: Jalag / Hoersch, Julia – S. 40: Jalag / Lehmann, Joerg – S. 43: Hendey, Magdalena – S. 47: Gräfe & Unzer Verlag / Schardt, Wolfgang – S. 48: Westermann, Jan-Peter – S. 51: Ekblom, Ulrika – S. 55: Winkelmann, Bernhard – S. 63: Twellmann, Birgit

Rezepttexte: Stockfood Rezepteteam

Druck: Grafisches Centrum Cuno GmbH & Co. KG, Calbe
Hergestellt in Deutschland
ISBN 978-3-7995-1003-5 (Print)
ISBN 978-3-7995-1084-4 (EBook)